L'autobus magique

a des hauts et des

Un livre sur l'immersion et la flottaison

Les éditions Scholastic

D'après un épisode de la série télévisée animée
produite par Scholastic Productions Inc.,
inspirée des livres *L'autobus magique*
écrits par Joanna Cole et illustrés par Bruce Degen.

Adaptation du livre d'après la série télévisée écrite par Jane B. Mason
et illustrée par Nancy Stevenson.
Scénario télé de Brian Meehl et George Arthur Bloom.
Texte français de Lucie Duchesne.

Données de catalogage avant publication (Canada)

Cole, Joanna
  L'autobus magique a des hauts et des bas : un livre sur
  la flottaison et l'immersion

Traduction de : The magic school bus ups and downs.
Pour les jeunes.
ISBN 0-439-00544-2

1. Corps flottants – Ouvrages pour la jeunesse. 2. Hydrostatique –
Ouvrages pour la jeunesse. 3. Flottabilité – Ouvrages pour la jeunesse.
I. Degen, Bruce. II. Duchesne, Lucie. III. Titre.

QC147.5.C6414 1999   j532'.25   C99-932856-5

L'autobus magique est une marque déposée de Scholastic Inc. Pour
toute information concernant les droits, s'adresser à Scholastic Inc.,
555 Broadway, New York, NY 10012.

Édition publiée par Les éditions Scholastic, 175, Hillmount Road,
Markham (Ontario) L6C 1Z7

5 4 3 2 1   Imprimé au Canada   9 / 9 0 1 2 3 4 / 0

Quand votre professeure s'appelle Mme Friselis, *tout* peut arriver. Même un samedi, alors qu'il n'y a pas d'école.

Aujourd'hui, les élèves de la classe sont tous bien installés chez eux et regardent *Toute la vérité*. C'est une émission que tous les élèves de la classe adorent. Soudain, l'animatrice, Olga Desrivières, annonce qu'un monstre vit dans le lac du Mystère.

Un monstre? Nous n'en croyons pas nos oreilles. Nous nous retrouvons tous au lac pour voir si c'est vrai.

Lorsque nous arrivons au lac, nous remarquons deux choses étranges. Premièrement, Catherine n'est pas là. Elle est pourtant toujours la première à arriver sur les lieux d'un événement. Mais nous ne la voyons nulle part.

Deuxièmement, le monstre n'est pas là non plus. Olga Desrivières a-t-elle dit vrai? Y a-t-il *vraiment* un monstre au fond du lac? Nous devons le découvrir.

Thomas a une idée :

– Je vais utiliser ma caméra vidéo sous-marine pour filmer le monstre!

Il n'a qu'à bien se tenir!

Une banane qui flotte sur l'eau!

Une pelure de banane sur un trottoir, c'est plus rigolo!

Thomas place sa caméra dans un contenant étanche qu'il met dans l'eau. Mais il ne coule pas, il flotte!

Pascale a une idée : le monstre a peut-être faim. Elle met une banane sur l'eau.

– Si j'étais ce monstre, il faudrait plus qu'une banane pour m'attirer, dit Raphaël.

– D'accord, convient Pascale. Si le monstre ne remonte pas chercher la banane, je vais la faire couler.

Elle lance la banane dans le lac. Plouf! Tout comme la caméra de Thomas, la banane flotte sur l'eau.

Nous devons trouver la solution.

– Si nous voulons voir le monstre, il ne faut pas flotter mais aller au fond.

Soudain, Catherine arrive sur le quai en courant. Nous lui demandons en chœur :

– Où étais-tu?

Mais Catherine est trop excitée pour nous répondre.

– Avez-vous vu le monstre?

Elle sort son équipement de son sac à dos : des palmes, un masque et un tuba. Qu'est-ce qu'elle a l'intention de faire?

– Je vais plonger pour trouver le monstre, annonce Catherine.

Catherine va toujours au fond des choses!

Pascale ne pense pas que le projet de Catherine soit une bonne idée.

– Qu'est-ce que Mme Friselis va dire? demande-t-elle.

– C'est la fin de semaine, Pascale, répond Catherine en secouant la tête. Pas d'école. Pas de Mme Friselis.

Au même moment, l'eau au milieu du lac se met à bouillonner furieusement. Et les bulles s'approchent du quai!

Est-ce le monstre qui vient finalement à la surface?

Et le monstre arrive tout droit devant le quai. Il sort la tête de l'eau, retire son masque et...

Ce n'est pas le monstre. C'est Mme Friselis!

– Bonjour, les enfants, dit-elle joyeusement. Rien de tel qu'une plongée pour se rafraîchir les idées.

– Est-ce que vous cherchez le monstre, vous aussi? demande Catherine.

– Pour trouver, il faut chercher, répond Mme Friselis. Et ce qu'on ne voit pas peut être très difficile à trouver.

Nous ne comprenons pas vraiment ce qu'elle veut dire. Mais nous savons qu'avec Mme Friselis dans les parages, nous allons le savoir!

Au même moment, nous entendons un grand vrombissement. L'hélicoptère de *Toute la vérité* est au-dessus de nos têtes.

– Sortez de l'eau! crie Olga Desrivières. Pour en savoir plus sur le monstre, regardez *Toute la vérité!*

Est-ce que je rêve
ou une excursion s'annonce?

J'ai l'impression que
tu ne rêves pas.

L'avertissement d'Olga Desrivières met
Catherine en colère.

– Le lac n'appartient pas à Olga Desrivières,
dit-elle. Nous pouvons aller à la recherche du
monstre si nous le voulons!

C'est alors qu'une étrange étincelle brille dans les yeux
de Mme Friselis. Elle siffle et l'autobus surgit dans un grand
PLOUF! Mais ce n'est plus un autobus; c'est un *bateaubus!*

– Tout le monde à bord! lance Mme Friselis.

Nous montons dans le bateaubus et bouclons nos ceintures.

– Prêts pour la plongée, Mme Friselis, annonce Catherine.

– Peut-être, mais nous ne pouvons pas plonger, réplique Mme Friselis.
Le dispositif antiflottaison est rouillé. Et sans lui, nous ne pouvons pas caler.

Nous flottons sur l'eau en essayant de trouver comment nous pourrons descendre au fond du lac.

Puis Pascale a une nouvelle idée. Elle prend une banane dans une main et un caillou dans l'autre.

– Ma banane est plus légère que le caillou. Si je les mets ensemble, qu'est-ce qu'une banane-caillou fera? nous demande-t-elle.

Nous ne le savons pas. Elle fixe le caillou à la banane et lance le tout dans le lac. La banane-caillou coule!

– Bonne déduction, Pascale! s'écrie Kisha. Le poids supplémentaire du caillou fait couler la banane.

– C'est en plein ça! dit Catherine. Il nous faut du poids supplémentaire pour couler!

Hé le monstre! Voici une collation!

Nous savons qu'il faut faire couler l'autobus, comme la banane-caillou. Nous décidons que du sable fera l'affaire. Nous nous mettons tous à la tâche et nous remplissons des barils avec du sable. Puis nous fixons les barils sur le bateaubus. Ouf! quel travail!

– Je crois qu'on a fini! dit Catherine, en apportant avec Jérôme, un baril au bateau.

Nous avons ajouté assez de poids! Le bateaubus commence à couler. Nous sautons à bord et nous descendons au-dessous du niveau du quai.

Finalement, nous arrivons au fond du lac. Nous voyons plein de poissons et d'algues. Mais ce que nous ne voyons pas, c'est le submersible à propulsion turbo qui file au-dessus de nous. Zoum! Soudain, les barils se détachent du bateaubus.

– Nous perdons du poids! s'écrie Thomas.

– Nous remontons à la surface! ajoute Pascale.

– Vous avez raison, dit Mme Friselis en souriant. Sentez-vous l'eau qui nous pousse vers le haut? C'est la pression de l'eau qui nous fait flotter!

Ça devient un peu trop excitant. D'un coup sec, le bateau monte comme un boulet de canon. Nous avons perdu le contrôle!

C'est excitant de flotter vers la surface, non?

Je ne veux pas flotter!

Le bateaubus sort du lac et vole dans les airs. Puis, plop! Nous retombons dans l'eau.

Fiou! nous sommes sauvés.

– L'eau a des pouvoirs étonnants, dit joyeusement Mme Friselis.

– Mais nous devons trouver le monstre! dit Catherine.

Pascale regarde autour d'elle.

– Et maintenant, comment vais-je faire pour nourrir le monstre? demande-t-elle.

Elle lance une tranche de pain dans l'eau, mais il y a un problème : la tranche flotte. Pascale prend une autre tranche, la façonne en boule et la lance. Cette fois-ci, le pain coule. Mais pourquoi?

– Quelle est la différence entre une tranche de pain et une boule de pain? demande Mme Friselis.

– Eh bien, la boule est beaucoup plus petite que la tranche, répond Kisha.

– Alors, ajoute Catherine tout excitée, si on prend quelque chose qui flotte et qu'on la comprime, la chose coulera?

– Bien dit! fait Mme Friselis. Préparez-vous à être comprimés.

Heureusement, notre bateaubus a un appareil de compression. Liza appuie sur les boutons de compression et chaque coin du bateaubus se recroqueville. Nous commençons à couler.

– Alors, on a toujours le même poids et on rapetisse. Comment se fait-il qu'on coule? demande Carlos, qui est tout mêlé.

– Peut-être parce que moins nous déplaçons d'eau, moins l'eau nous repousse vers le haut, explique Kisha.

Soudain, le bateaubus devient vraiment comprimé. Nous sommes serrés comme des sardines!

Nous descendons toujours plus bas. Juste avant que nous touchions le fond, Catherine met son masque. Avant même que nous ne puissions lui demander quelles sont ses intentions, elle disparaît par la trappe du plancher.

– Catheriiiiine! crions-nous.

Le bateaubus commence à remonter. Sans le poids de Catherine, nous ne pouvons pas rester au fond. Il faut qu'elle revienne!

Catherine ne nous entend pas. Elle est trop occupée à chercher le monstre. Soudain, quelque chose l'attrape par la jambe. Catherine est coincée!

– Ahhh! crie Catherine.

Nous devons redescendre au fond du lac pour la sauver.

– Il faut rapetisser, si on veut couler, dit Raphaël.

– Je crois que c'est impossible, dit Mme Friselis en secouant la tête. Le dispositif de compression est bloqué.

La situation est grave.

Il faut redescendre!

Je n'aime pas ça du tout.

Mais non! Nous sommes comme des poissons dans l'eau.

– J'ai trouvé! s'écrie Carlos.

Il met son équipement de plongée et sort par la trappe du plancher. Une seconde plus tard, nous entendons un gros *Bloub bloub!* Carlos a retiré les bouchons de nos flotteurs. Les flotteurs sont de gros contenants de plastique remplis d'air qui sont fixés au bas du bateaubus.

Sans les bouchons, les flotteurs se remplissent d'eau.

– Ho ho! crions-nous tous ensemble.

Nous descendons de nouveau.

– J'ai compris, dit Raphaël. Plus d'eau égale plus de poids!

Pendant ce temps, Catherine se débat toujours, lorsqu'elle arrive face à face avec le monstre!

– Tu l'auras voulu! dit Catherine.

Elle donne un énorme coup de poing au monstre... qui en perd le nez!

– Mais ce n'est pas un monstre! s'écrie Catherine. C'est un faux! Et je vais tout révéler à *Toute la vérité!*

Au même moment, Olga Desrivières arrive dans son submersible. Lorsque Catherine l'aperçoit, elle comprend tout : Olga a inventé l'histoire du monstre pour avoir plus de téléspectateurs!

– Vous ne vous en tirerez pas comme ça! lui dit Catherine.

– Pauvre petite! répond Olga. Personne ne te croira.

Alors Catherine devient très en colère :

– C'est ce qu'on va voir!

Et elle s'éloigne en nageant le plus vite qu'elle peut.

Dans le bateaubus, nous nageons en pleine confusion. Que se passe-t-il? Et où est Catherine?

Puis Thomas crie :

– Je la vois!

Eh oui! Catherine nage vers nous. Nous soupirons de soulagement.

– Qu'est-ce qui est arrivé au monstre? demande Carlos.

– Ce monstre est un faux, répond Catherine d'un air dégoûté. Le *vrai* monstre, c'est Olga Desrivières. Elle essayait d'amener plus de téléspectateurs à regarder son émission.

– Il faut remonter à la surface pour l'arrêter! dit Catherine. Il faut dire toute la vérité!

Nous sommes inquiets. Nous ne savons pas si nous pourrons remonter à temps pour faire la lumière sur cette histoire.

– Les flotteurs sont complètement remplis d'eau, précise Kisha. Nous sommes trop lourds pour notre taille!

Nous commençons à paniquer, mais Jérôme a une idée :

– Si l'eau des flotteurs nous retient au fond, dit-il, nous pourrions expulser l'eau avec quelque chose de plus léger.

– Et qu'est-ce qui est beaucoup plus léger que l'eau? nous demande Mme Friselis en souriant.

– L'air! répondons-nous tous en chœur.

La solution est simple : si nous remplissons de nouveau les flotteurs d'air, l'air refoulera l'eau et le bateaubus sera assez léger pour flotter.

Nous devenons plus légers!

Nous décollons!

Quelques minutes plus tard, nous passons aux actes. Carlos bouche les ouvertures sur le dessus des flotteurs, de sorte que l'air n'en sorte pas. Puis nous installons des tuyaux d'air dans les trous sous les flotteurs.

– À vos pompes! lance Mme Friselis.

À bord, Jérôme et Hélène-Marie commencent à pomper. Des bulles d'air circulent dans les tuyaux. Bientôt, des poches d'air apparaissent au haut des flotteurs. L'air du haut repousse l'eau à l'extérieur. Zoum! Le bateaubus commence à remonter. Notre plan fonctionne!

Nous revenons dans le bateaubus.

– Maintenant que nous sommes plus légers, l'eau exerce sur nous une plus grande pression vers le haut, que notre poids vers le bas, explique Mme Friselis.

Mais nous ne montons pas longtemps. Kisha regarde par le plancher vitré du bateaubus.

– Les bouchons ont sauté et l'air s'échappe! s'exclame-t-elle.

Quelqu'un a retiré les bouchons. Et nous savons bien qui : Olga Desrivières.

Au même moment, nous apercevons le faux monstre d'Olga Desrivières. Il remonte à la surface! Olga va mentir à son public et dire qu'elle a découvert le monstre. Pourtant, c'est elle qui l'a installé dans le lac!

Nous devons flotter, et vite!

– Et si nous devenions plus gros? propose Pascale. Souvenez-vous de ma tranche de pain. Quand elle était grosse, elle flottait!

– Donc, si nous décompressons l'autobus, nous allons grossir et l'eau nous repoussera davantage vers le haut. Nous flotterons! ajoute Hélène-Marie.

– Allons-y! s'écrie Kisha.

Et nous plongeons tous dans le lac. Nous avons beaucoup de travail à faire. Petit à petit, nous poussons et nous tirons pour redonner au bateaubus sa taille originale. Et nous recommençons à monter!

Comme nous prenons de la vitesse, Catherine dit à Thomas :

– Viens, j'ai une idée. Prends ta caméra.

Et ils se mettent à nager. Une seconde plus tard, le bateaubus et le monstre surgissent du lac, juste sous l'hélicoptère d'Olga Desrivières.

– Mon reportage! s'écrie Olga en tombant à l'eau dans un grand plouf!

– Notre reportage! précise Catherine en souriant.

Elle enfonce une épingle dans le monstre. PFFFT! Le monstre s'envole dans les airs, fait une série de cabrioles et rebondit sur le lac. Thomas a tout filmé!

Quel samedi! Mais tout n'est pas fini. Nous allons tous aux studios de télévision pour voir Olga Desrivières faire ses excuses, et elle nous interviewe!

– Comment avez-vous fait pour que le monstre remonte à la surface? demande-t-elle.

– Le monstre était assez gros et léger pour flotter, explique Catherine. Tout ce que nous avons eu à faire a été de le relâcher. Vous connaissez la suite.

Catherine sourit à la caméra et ajoute :

– Votre monstre voulait que toute la vérité éclate!

Lettres de nos lecteurs

Monsieur l'éditeur,

Je trouve que Catherine a été très courageuse lorsqu'elle a affronté le monstre. Elle est vraiment allée au fond des choses!

Et je signe,

Un admirateur aquatique

Mesdames, Messieurs,

Je prends l'autobus scolaire presque tous les jours, et jamais il ne s'est transformé en bateaubus, n'a eu de flotteurs ou ne s'est comprimé. Au fait, il serait impossible que les élèves le décompressent. Il faudrait une force surhumaine pour y parvenir.

Un sceptique

À la maison d'édition,

J'admire les tentatives de Pascale pour nourrir le monstre. Mais pourquoi savait-elle qu'il aimait les bananes plutôt que les tartines de beurre d'arachide? Mon monstre à moi est très capricieux.

Une petite farceuse

En direct du bureau de Mme Friselis

Une expérience pour les parents, les enseignants et les enfants

Pascale a découvert qu'une tranche de pain flotte, mais que la même tranche de pain coulera si elle est comprimée en une boule. Est-ce que la pâte à modeler peut flotter? Voici une expérience :

1. Fais deux boules de pâte à modeler, de la grosseur d'une balle de golf.

2. Prends une des boules et aplatis-la. Ensuite, redresse les côtés, pour faire un petit bateau. Laisse l'autre boule telle quelle.

3. Remplis d'eau un grand bol.

4. Mets dans le bol ton petit bateau et la boule. Lequel des deux flotte?

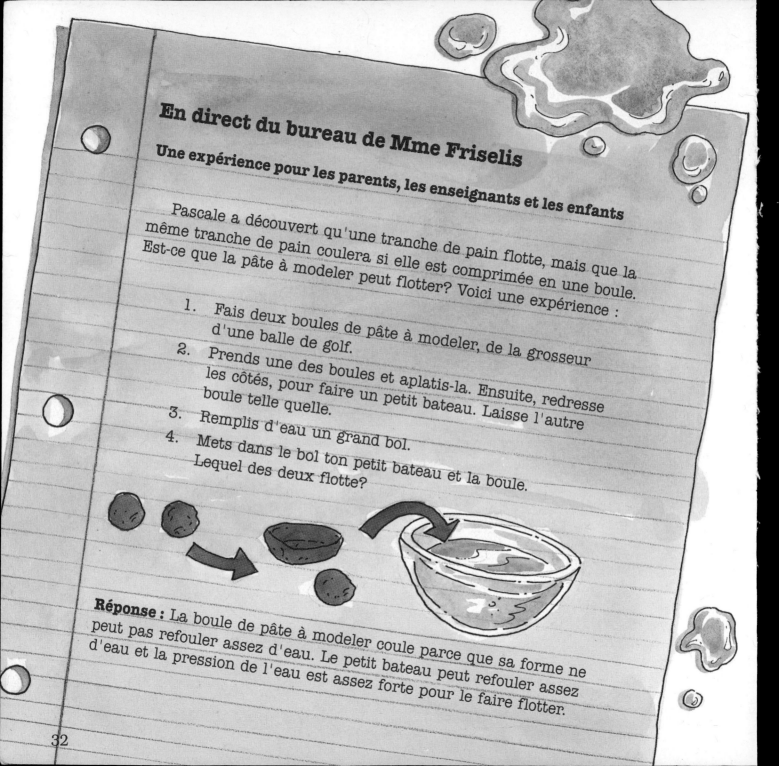

Réponse : La boule de pâte à modeler coule parce que sa forme ne peut pas refouler assez d'eau. Le petit bateau peut refouler assez d'eau et la pression de l'eau est assez forte pour le faire flotter.